This Book Belongs To ...

....

....

....

....

Date: ___/___/_____   Page No:

Date:_____/_____/_____   Page No:

Date: _____ / _____ / _____   Page No:

Date: ___/___/_____   Page No:

Date: _____ / _____ / _____   Page No:

Date: _____ / _____ / _____   Page No:

Date: _____ / _____ / _____   Page No:

Date:_____/_____/_____   Page No:

Date: _____ / _____ / _____   Page No:

Date:_____/_____/_____   Page No:

Date: _____ / _____ / _____   Page No:

Date: ___/___/_____   Page No:

Date: _____ / _____ / _____   Page No:

Date: _____ / _____ / _____   Page No:

Date: _____ / _____ / _____   Page No:

Date:_____/_____/_____   Page No:

Date: _____ / _____ / _____   Page No:

Date: _____/_____/_____   Page No:

Date: ___/___/_____   Page No:

Date: _____ / _____ / _____   Page No:

Date:_____/_____/_____   Page No:

Date: _____ / _____ / _____   Page No:

Date: ___/___/___   Page No:

Date: ___/___/_____ Page No:

Date:_____/_____/_____   Page No:

Date: ___ / ___ / ___

Page No:

Date: _____ / _____ / _____   Page No:

Date: ___/___/___   Page No:

Date: _____ / _____ / _____   Page No:

Date: _____ / _____ / _____   Page No:

Date:_____/_____/_____   Page No:

Date: _____ / _____ / _____   Page No:

Date: _____ / _____ / _____   Page No:

Date: _____/_____/_____   Page No:

Date: _____ / _____ / _____   Page No:

Date:_____ / _____ / _____   Page No:

Date: _____ / _____ / _____   Page No:

Made in the USA
Middletown, DE
08 December 2019